I0424328

This Journal Belongs To:

____

www.ingramcontent.com/pod-product-compliance
Lightning Source LLC
Chambersburg PA
CBHW020323290526
45785CB00007B/2895
* 9 7 8 1 0 7 3 1 3 0 7 1 9 *